CHRISTIN PARDUN

SIMPLY THE (STOFF)REST

NÄHEN

CREATISSIMO
EINFACH.SELBER.MACHEN.

EMF

EIN BUCH DER
EDITION MICHAEL FISCHER

Bibliografische Information der Deutschen Bibliothek.

Die Deutsche Bibliothek verzeichnet diese Publikation in der deutschen Nationalbibliografie.

Detaillierte bibliografische Daten sind im Internet über http://www.d-nb.de/ abrufbar.

EIN BUCH DER EDITION MICHAEL FISCHER

1. Auflage 2015

Covergestaltung: Silvia Keller
Coverfoto: Natascha Mössbauer
Bilder: Christin Pardun
Redaktion und Lektorat: Natascha Mössbauer
Layout und Satz: Verena Raith
ISBN 978-3-86355-376-0

Printed in Slovakia

www.emf-verlag.de

Vorwort

Was macht man eigentlich mit Stoffresten?

Da ich viel mit Stoffen und anderen Materialien arbeite, sind alle kleinen Reststücke für mich kostbar. Jeder brauchbare schöne Stoffschnipsel wird von mir in einem eigenen kleinen Korb aufbewahrt. Damit er nicht langsam überquillt, habe ich mir einfache und schnell umzusetzende Projekte ausgedacht, um diese Stoffreste kreativ zu verarbeiten.

Mit diesem Buch möchte ich Ihnen zeigen, dass Sie Stoffe nicht nur klassisch vernähen, sondern auch verknoten, wickeln, kleben oder formen können. Ich bin zwar kein Profi, aber war schon immer gerne und viel kreativ – egal, ob werkeln, nähen oder basteln – und habe mir alles über die letzten Jahre hinweg selbst angeeignet.

Auch unser Zuhause gestalte ich leidenschaftlich gerne um und arbeite dabei am liebsten mit einfachen und günstigen Mitteln. Ich mag es, den Alltag mit selbst gemachten Dingen zu verschönern: Sei es morgens die Butterbrote in einer hübschen Lunchbag zu verstauen, den Einkauf in einem selbst genähten Beutel zu verpacken oder die Wäsche mit aufgepeppten Klammern auf die Leine zu hängen.

Es braucht nicht viel, um hübsche sowie praktische Dinge zu gestalten oder seinen Wohnraum schöner zu machen. Manchmal reicht dafür auch einfach schon ein Stoffrest. Lassen Sie sich also überraschen und inspirieren, was aus Stoffresten alles Hübsches entstehen kann. Sie sind nämlich viel mehr als nur kleine Schnipsel …

Spätestens ab jetzt werden Sie bestimmt jedes brauchbare Stück Stoff aufbewahren!

Viel Spaß mit diesem Buch wünscht Ihnen,

Christin

MATERIAL

Folgende Utensilien sollten Sie für die Umsetzung der Projekte zur Hand haben:

WICHTIGE HINWEISE & TECHNIKEN

Décopatch-Kleber

Mit diesem Kleber lassen sich schnell und einfach viele verschiedene Objekte verschönern. Man kann ihn für Papiere und Stoffe verwenden. Der Kleber wird mit einem weichen Pinsel aufgetragen, trocknet transparent aus und hält auf trockenen, festen Untergründen. Wenn er vollständig ausgehärtet ist, ist er wasserabweisend.

KAM Snaps

KAM Snaps ist ein praktisches Druckknopfsystem. Mit einer speziellen Zange für diese Kunststoffknöpfe lassen sie sich ganz einfach in nahezu jeden Stoff drücken. Auf diese Weise halten die Knöpfe auch einer starken Belastung stand. Die KAM-Snaps-Knöpfe gibt es in vielen verschiedenen Farben und können so individuell auf den verwendeten Stoff abgestimmt werden.

So geht's:

1. Pro Knopf-Set erhalten Sie zwei Snapteile, sogenannte Caps, und zwei unterschiedliche Gegenaufsätze. Zur Zange gehört eine spitze Ahle. Damit stechen Sie ein Loch durch den Stoff und setzen eines der Caps ein (mit der Spitze zur Innenseite).
2. Stecken Sie anschließend auf diese Spitze einen der Aufsätze.
3. Legen Sie den Cap in den unteren Aufsatz der Zange und drücken Sie diese fest zusammen.
4. Gehen Sie dann mit dem zweiten Cap und dem entsprechenden Gegenaufsatz genauso vor.
5. Nun können Sie Ihren Stoff verschließen.

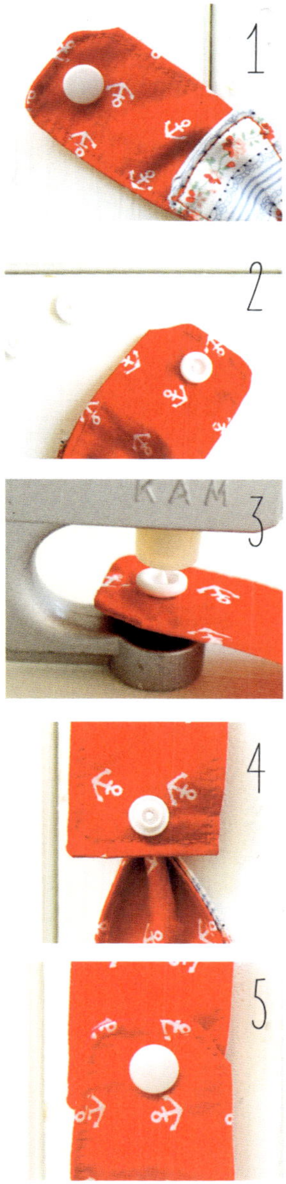

weiter

Textilsteif

Dies ist ein Klebstoff auf Wasserbasis, mit dem sich Textilien versteifen lassen. Er trocknet transparent aus und ist dann nicht mehr auswaschbar.

So geht's: Bestreichen Sie den Stoff mithilfe eines Pinsels satt mit dem Textilsteif oder tauchen Sie ihn direkt darin ein. Nachdem der Stoff komplett mit dem Kleber überzogen ist, kann das Objekt nach Belieben geformt werden. Abhängig von der Schichtdicke des Klebers und der Raumtemperatur beträgt die Trockungszeit etwa 24 Stunden.

Vliesofix®

Vliesofix® ist ein Klebevlies auf Trägerpapier, das beidseitig aufbügelbar ist. Es eignet sich hervorragend zum Applizieren verschiedener Motive.

So geht's: Zuerst zeichnen Sie das Motiv spiegelverkehrt auf die Papierseite des Vliesofix®. Dieses wird dann großzügig ausgeschnitten, mit der rauen Seite auf die linke Stoffseite gelegt und trocken aufgebügelt. Nach dem Abkühlen schneiden Sie das Motiv exakt aus, ziehen das Trägerpapier ab und legen es mit der beschichteten Seite nach unten auf die gewünschte Stelle. Jetzt decken Sie das Motiv mit einem feuchten Tuch ab (Bügeleiseneinstellung: Wolle/Baumwolle) und bügeln es schrittweise ca. 10 Sekunden auf. Als Applikation können Sie es anschließend noch mit einem Zick-Zack-Stich umnähen.

Geradstich

Alle Nähprojekte in diesem Buch wurden mit dem Geradstich umgesetzt. Dieser wird auch als Steppstich bezeichnet und ist Standard jeder Nähmaschine. Der Geradstich kann in verschiedenen Größen individuell an Ihrer Nähmaschine eingestellt werden. Bis auf Knopflöcher und Versäubern der Nahtzugaben (Zick-Zack-Stich) können mit dem Geradstich fast alle Näharbeiten erledigt werden.

Handmaß

Dieses Maß ist ein praktisches Hilfsmittel, wenn es um das Markieren von Nahtzugaben und Abständen geht. Damit lassen sich schnell und einfach Säume und Falten anzeichnen. Das Handmaß ist auch ideal zum Bestimmen von Knopfabständen oder zum Messen von Rundungen.
Mit der gezackten Seite können Sie problemlos Abstände von 0,5 cm markieren. Für kleine Schneiderarbeiten ist dieses Maß unabkömmlich.

Schrägband

Dieses Band wird als Einfasshilfe verwendet. Es ist bereits vorgefalzt, dehnbar und kann für viele verschiedene Versäuberungsarten benutzt werden. Das Band ist in unterschiedlichen Farben, Mustern und Breiten fertig vorgeformt erhältlich.

So geht's: Legen Sie das Schrägband um die zu versäubernde Kante und nähen Sie es anschließend knappkantig fest.

Tipps für die Stoff-Beschaffung

Werfen Sie erst einen Blick in den eigenen Kleiderschrank! Oft verbergen sich darin hübsche Kleidungsstücke, die nicht mehr getragen werden. Gibt es bunt gemusterte Blusen und Shirts, denen Sie eine neue Verwendung geben könnten? Auch aus alter Bett- oder Tischwäsche lassen sich tolle Dinge nähen. Wenn Sie zu Hause nicht fündig werden, bietet vor allem das Internet viele Möglichkeiten. Auch der kleine Stoffladen in Ihrer Stadt ist sicherlich immer einen Besuch wert. In vielen Städten werden regelmäßig Stoffmärkte veranstaltet. Dort gibt es eine große Auswahl und günstige Preise. Halten Sie auch beim nächsten Flohmarktbesuch, im Sozialkaufhaus oder bei Haushaltsauflösungen die Augen auf!

KNÖPFE UND BUTTONS

Sie können sich nicht von Stoffresten trennen?
Dann habe ich genau das Richtige, um diese
kleinen Stoffschätze hübsch zu verwerten ...

Material

große Knöpfe / kleine Stoffreste, ca. 5 x 5 cm / Nähgarn / Sicherheitsnadeln

Werkzeug

Lineal / Zirkel / Zackenschere / Nähnadel

1 Messen Sie den Durchmesser eines Knopfs und addieren Sie 1,5 cm dazu. Nehmen Sie dann von dem Gesamtmaß die Hälfte und ziehen Sie mit diesem Radius per Zirkel einen Kreis auf den ausgewählten Stoff.

2 Schneiden Sie anschließend diesen Stoffkreis mit der Zackenschere aus.

3 Nun machen Sie per Hand mit Nadel und Faden am Rand des Stoffkreises einen Geradstich.

4 Anschließend legen Sie auf der Rückseite des Stoffs den Knopf hinein und ziehen den Faden zusammen. Jetzt wird das Ganze auf dieser Seite fest vernäht.

5 Falls Sie sich aus dem Knopf einen Anstecker machen möchten, nähen Sie zusätzlich auf der Rückseite noch eine Sicherheitsnadel fest.

KUCHENGIRLANDE

Mit dieser sehr einfachen und schnell gemachten Girlande können Sie jeden Kuchen im Handumdrehen zum Highlight werden lassen!

Sie können auch andere Formen für die Fähnchen verwenden, z. B. Dreiecke.

Variante

Material

Karton, ca. 6 x 15 cm / Stoffreste, ca. 6 x 15 cm / dünne Kordel oder Band / 2 Holzstäbchen

Werkzeug

Stift / Lineal / Schere und Stoffschere / Nähmaschine

1 Übertragen Sie die Fähnchenform zunächst auf ein Stück Karton und schneiden Sie diese aus. Anschließend legen Sie die Schablone auf den Stoff, zeichnen sie mit einem Stift nach und schneiden sie aus. Für meine Girlande habe ich sechs Fähnchen ausgeschnitten.

2 Nun können Sie die ausgeschnittenen Stoffstücke mittig um die Kordel klappen und mit der Nähmaschine per Geradstich am Rand der Wimpel entlangnähen.

3 Die beiden Enden der Girlande werden zum Schluss an die Holzstäbchen geknotet.

Variante

Für hübsche Muffin-Toppers schneiden Sie einfach kleine Stoffkreise mit einer Zackenschere aus, stecken je ein Holzstäbchen zwischen zwei Lagen Stoff und kleben diese zusammen. In die Muffins stecken, fertig!

VINTAGE-GIRLANDE

Alte Bettwäsche oder aussortierte Kleidung lassen sich ganz einfach wiederverwerten und zur dekorativen Girlande umfunktionieren.

Zum Befestigen der Fähnchen können Sie anstelle der Kordel auch ein Schrägband verwenden.

Material

Karton / Stoffreste, nach Bedarf / Kordel oder Seil

Werkzeug

Schere / Stift / Lineal / Zackenschere / Nähmaschine

1 Zuerst erstellen Sie die Schablonen für die Rechtecke. Dafür übertragen Sie die gewünschten Maße der Rechtecke auf ein Stück Karton und schneiden die Schablonen anschließend aus. Für die Girlande habe ich drei verschiedene Größen erstellt (30 x 10 cm, 34 x 8 cm, 26 x 7 cm). Sie können aber natürlich auch alle Rechtecke einheitlich halten. Mit der Schablone übertragen Sie dann beliebig viele Rechtecke auf den Stoff.

2 Schneiden Sie mit der Zackenschere die Stoffrechtecke aus.

3 Anschließend klappen Sie die Stoffrechtecke mittig um die Kordel, sodass eine bunte Vorder- und Rückseite entsteht.

4 Nun nähen Sie mit der Nähmaschine knapp vor der Kordel einmal entlang und befestigen somit die Stofffähnchen an der Kordel.

LAMPE IM NEUEN KLEID

Haben Sie noch einen Lampenschirm im Haus, der Ihnen nicht mehr gefällt? Mit ein paar Stoffresten lässt sich das ganz leicht ändern …

Material

Lampenschirm-Gestell / Stoffreste,
je nach Größe des Gestells / Nähgarn

Werkzeug

Stoffschere / Nähnadel

1 Zuerst schneiden Sie sich ein paar schmale Stoffstreifen mit einer Breite von 1,5 bis 2 cm zu. Fast jeder Lampenschirm hat oben und unten einen Ring. Diese Ringe umwickeln Sie fest mit den Stoffstreifen.

2 Anschließend nähen Sie mit Nadel und Faden die Enden sorgfältig fest, damit sich der umwickelte Stoff nicht mehr aufrollt.

3 Nun können Sie mit dem Verknoten beginnen: Hierfür legen Sie die Stoffstreifen rund um das Gestell und knoten diese an den Zwischenstäben fest. Jeder Lampenschirm verfügt über ein unterschiedliches Gestell. Deshalb verknoten Sie einfach – je nach Gegebenheiten – von oben nach unten.

MINI-STOFFBRIEFE

Diese süßen Umschläge sind ideal für die Handtasche. Alles Kleine findet darin Platz, egal, ob Visitenkarte oder Reisenähset!

Material

Karton, ca. 22 x 25 cm / Stoffreste, ca. 22 x 25 cm / KAM-Snaps-Druckknöpfe

Werkzeug

Bleistift / Lineal / Stoffschere / Nähmaschine / Bügeleisen / KAM-Snaps-Zange

1 Zunächst basteln Sie sich aus einem Stück Karton ein Herz als Schablone. Übertragen Sie hierfür mit dem Bleistift ein Herz auf den Karton und schneiden Sie dieses dann aus.

2 Legen Sie nun zwischen das Kartonherz ein in der Mitte gefaltetes Stück Stoff. Übertragen Sie die Herzhälfte auf den Stoff und schneiden Sie diese aus. Wiederholen Sie Schritt 2, denn Sie benötigen zwei Stoffherzen.

3 Legen Sie die zwei Herzen auf rechts zusammen und nähen Sie sie mit dem Geradstich am Rand ab. Lassen Sie dabei eine kleine Öffnung zum Wenden.

4 Dann wenden Sie das Herz und steppen es mit dem Geradstich dicht am Rand noch einmal ab. Dabei schließen Sie die Öffnung.

5 Falten Sie das Herz in Briefform zusammen (die beiden Seitenteile nach innen falten und den oberen Teil nach unten klappen) und bügeln Sie mit dem Bügeleisen alles schön glatt.

6 Befestigen Sie nun mit der KAM-Snaps-Zange noch die Druckknöpfe (siehe Seite 5).

TROSTSPENDER

Bunte Pflaster lassen Kinder ganz schnell ihren Schmerz vergessen. Haben Sie gerade keine im Haus? Hier kommt die Lösung!

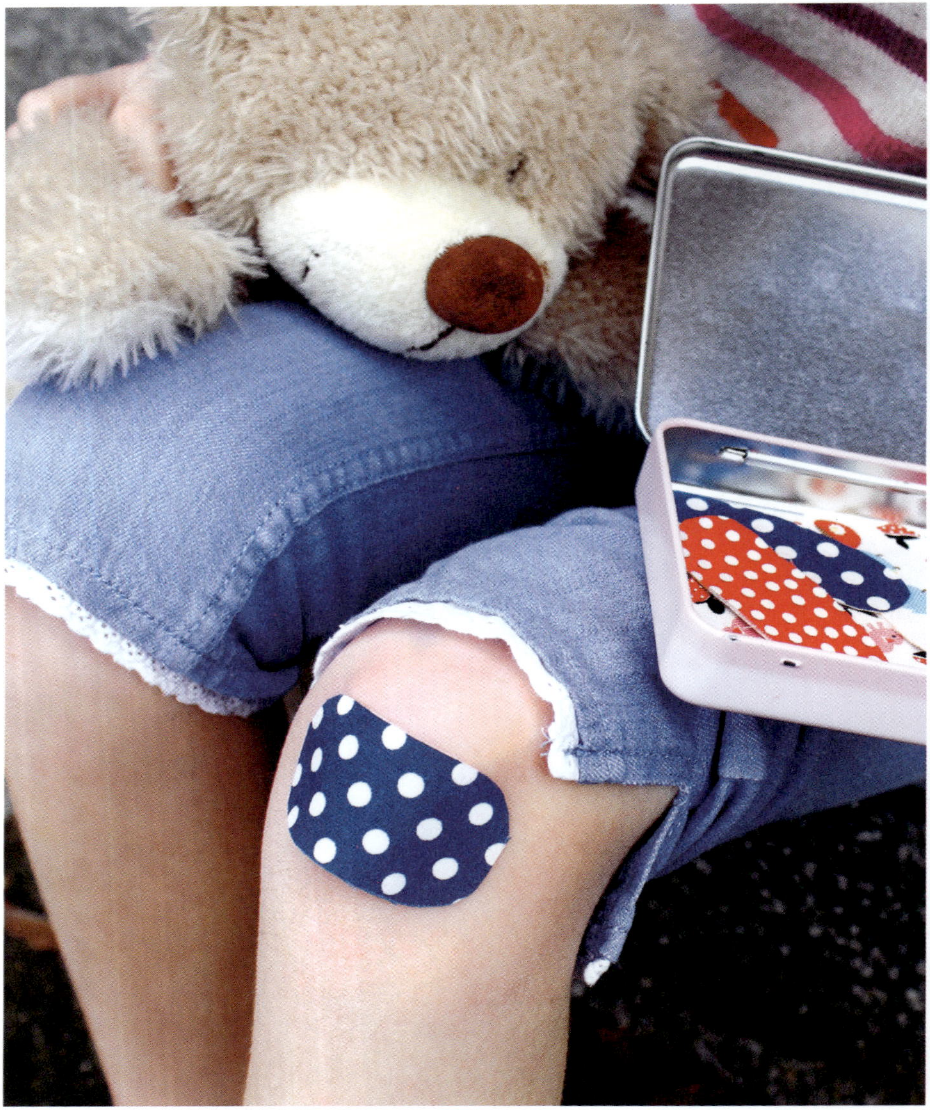

1

2

3

Material

kleine Stoffreste, ca. 8 x 2 cm / Stoffpflaster / Vliesofix®

Werkzeug

Stoffschere / Bügeleisen

1 Schneiden Sie die Stoffpflaster in der passenden Größe zu den Stoffstücken, die Sie verwenden möchten, zu.

2 Schneiden Sie ein dazu passendes Stück Vliesofix® aus. Anschließend bügeln Sie unter Verwendung von Vliesofix® den Stoff auf das Pflaster (siehe Seite 6).

3 Mit der Stoffschere können Sie die Kanten am Ende noch sauber nachschneiden.

STOFF-SCHACHTELN

Mal wieder einen Schuhkarton übrig? Bevor er in der Papiertonne landet, hauchen Sie ihm doch mit ein wenig Stoff neues Leben ein!

Mit einem schönen Möbelknauf am Deckel können Sie der Schachtel ein zusätzliches Highlight verpassen!

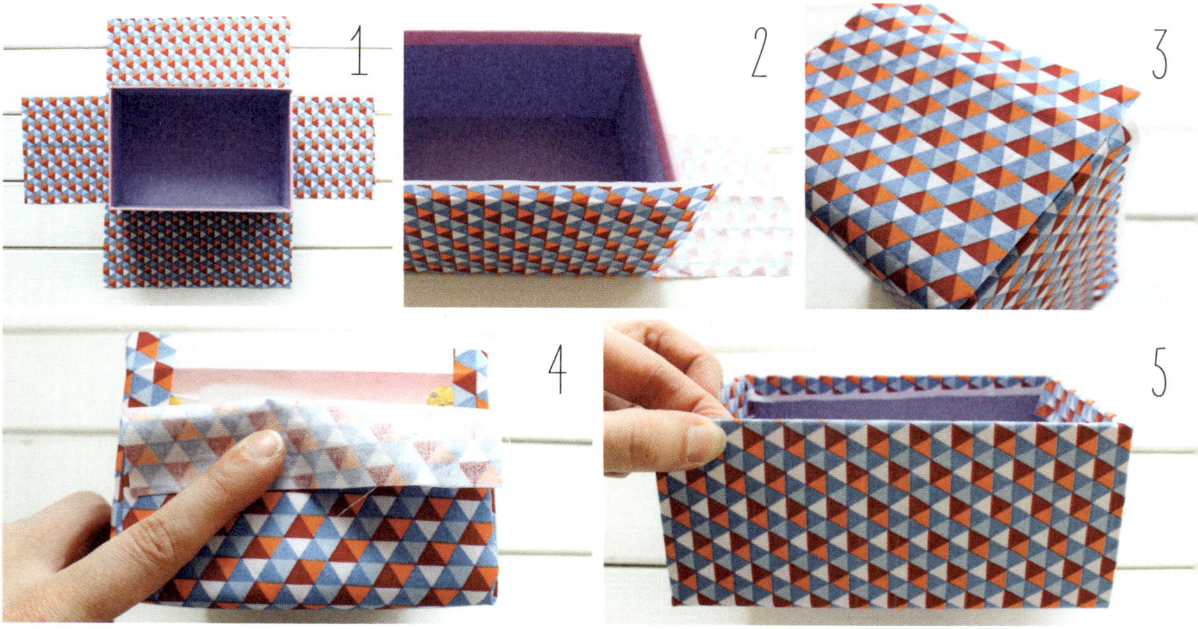

Material

Stoffreste, je nach Größe der Schachtel / Schachtel aus Karton / Klebestift

Werkzeug

Handmaß / Stift / Stoffschere

1 Legen Sie die Schachtel auf den Stoff und messen Sie mit einem Handmaß die Seiten der Schachtel (in der Höhe und Länge) aus. Geben Sie bei den gegenüberliegenden langen Seiten jeweils 1 cm mehr dazu und übertragen Sie die Maße mit einem Stift, wie auf dem Bild zu sehen, auf den Stoff. Dann schneiden Sie das Stück Stoff mit der Schere aus.

2 Jetzt kleben Sie mit einem Klebestift den Stoff am Boden der Schachtel fest. Dann kleben Sie die längeren Seitenteile an die Schachtel. Ich habe hier durchgängig einen Klebestift verwendet, weil dieser den Stoff nicht durchnässt und nach meiner Erfahrung genauso gut hält wie flüssiger Klebstoff.

3 Klappen Sie die überstehenden seitlichen Ränder um die Kanten und kleben Sie sie fest.

4 Nun kleben Sie die Seitenteile fest.

5 Zum Schluss klappen Sie die überstehenden oberen Ränder des Stoffs nach innen um und kleben diese an der Schachtel fest. Für das Einkleiden des Schachteldeckels können Sie genauso vorgehen.

Vasen im neuen Kleid

Hier zeige ich Ihnen, wie man in Nullkomma-
nichts aus ganz einfachen Gläsern oder Vasen
hübsche Designlieblinge macht.

Für wasserfeste Ergebnisse pinseln Sie die Vase am Ende noch einmal komplett mit Décopatch-Kleber ein!

Material

Stoffreste, nach Bedarf / Glas oder Vase / Décopatch-Kleber / Bänder oder Knöpfe zum Verzieren / flüssiger Klebstoff

Werkzeug

Stoffschere / Pinsel

1 Schneiden Sie sich aus den Stoffresten Ihre gewünschten Motive aus. Egal, ob in Form von Streifen oder Kreisen, Ihrer Fantasie sind keine Grenzen gesetzt!

2 Nun pinseln Sie ein Glas oder eine Vase nach und nach mit dem Décopatch-Kleber ein.

3 Drücken Sie anschließend die Stoffstücke darauf. Streichen Sie zum Schluss alles schön glatt, damit keine Falten entstehen.

4 Mithilfe von flüssigem Klebstoff können Sie das Glas oder die Vase zum Schluss noch mit hübschen Bändern oder Knöpfen verzieren.

BUNTE PARTYLICHTER

Benötigen Sie für eine Grillparty noch passende Lichter? Ich zeige Ihnen, wie Sie aus Stoffresten stimmungsvolle Teelichter zaubern!

1

2

Material

Stoffrest, nach Bedarf / Glas oder Becher / Textilsteif

Werkzeug

Zirkel / Zackenschere / Pinsel

1 Zeichnen Sie sich mithilfe eines Zirkels einen Kreis in der gewünschten Teelichtgröße auf den Stoff (der Durchmesser meines Stoffkreises beträgt ca. 12 cm). Dann schneiden Sie den Stoffkreis mit der Zackenschere aus.

2 Stülpen Sie den Stoffkreis über einen Becher/ein Glas und pinseln Sie das gesamte Stoffstück großzügig mit Textilsteif ein. Die dabei entstehenden Falten sind Absicht und können nach Belieben zurechtgeformt werden.

3 Nun lassen Sie das Ganze ein paar Stunden trocknen. Bevor das Textilsteif vollständig ausgehärtet ist, lösen Sie den Stoff vom Becher, damit er nicht daran kleben bleibt. Das Teelicht ist fertig, wenn der Stoff ganz hart geworden ist und sich wie Plastik anfühlt.

Arm schick verpackt

Aus besonders schönen Stoffresten können Sie ganz fix Armbänder nähen. Sie machen richtig was her und peppen jedes Outfit im Nu auf!

Material

Karton, ca. 5 x 5 cm, 9,5 x 9 cm, 20,5 x 9 cm /
Stoffreste, ca. 5 x 5 cm, 9,5 x 9 cm, 20,5 x 9 cm /
Nähgarn / KAM-Snaps-Druckknöpfe

Werkzeug

Maßband / Stift / Lineal
Stoffschere / Nähmaschine / Bügeleisen /
Nähnadel / KAM-Snaps-Zange

1 Erstellen Sie zunächst die Schablonen für Armband und Schleife. Messen Sie hierfür mit einem Maßband den Umfang Ihres Handgelenks (in meinem Fall: 20,5 cm). Die Maße für die Schleife können Sie von mir übernehmen. Übertragen Sie die Maße dann auf ein Stück Karton und schneiden die Schablonen aus. Übertragen Sie die Schablonen auf die Stoffe und schneiden Sie diese ebenfalls aus.

2 Nähen Sie mit der Nähmaschine alle Stücke auf rechts zusammen und lassen Sie eine kleine Öffnung zum Wenden. Wenden Sie alle Teile, bügeln sie glatt und nähen Sie die Öffnungen anschließend zu.

3 Jetzt legen Sie die Schleife auf das Armband und drücken beide in der Mitte zusammen.

4 Nähen Sie das kleine Bündchen anschließend mit der Hand fest um die Schleife.

5 Dann befestigen Sie die KAM-Snaps-Knöpfe am Armband (siehe Seite 5).

BLUMENAMPEL

Die Makramee-Blumenampel erlebt gerade ihr Revival! Mit einer grünen Pflanze darin belebt sie graue Balkone oder sterile Wohnungsecken.

Material

Stoffreste, ca. 30–40 cm lang und 3 cm breit / Sisalkordel / Holzring / flüssiger Klebstoff

Werkzeug

Stoffschere

1 Zuerst schneiden Sie sich zahlreiche Stoffstreifen zu. Hierbei müssen Sie nicht ganz exakt arbeiten. Schneiden Sie zudem acht Stücke mit 1,20 m Länge von der Kordel ab.

2 Nun wickeln Sie nach und nach die Stoffstreifen fest um die einzelnen Kordelstücke. Anfang und Ende der Streifen können Sie mit ein wenig flüssigem Klebstoff fixieren.

3 Jetzt ziehen Sie alle Kordelstücke durch den Holzring und verknoten diese direkt unter dem Ring miteinander.

4 Teilen Sie die Kordeln anschließend in vier Zweierpaare auf und knüpfen Sie jeweils auf gleicher Höhe einen Knoten. In meinem Beispiel habe ich das bei 20 cm getan.

5 Anschließend nehmen Sie die Enden der Zweierpaare und verknoten diese weiter unten mit der jeweiligen Nachbarkordel. So entsteht nach und nach ein Netz.

6 Nehmen Sie alle acht Enden und knüpfen daraus einen Knoten. Die Endstücke können Sie mit der Schere auf die gewünschte Länge kappen.

BUNTER WIMPEL

Für dieses Projekt lassen sich gut bunt gemusterte Stoffreste verwerten. Daraus entsteht ein dekorativer und moderner Wandschmuck.

Material

Karton / Stoffreste, nach Bedarf / 1 weißes Stück Stoff, ca. 38 x 30 cm (inkl. Nahtzugabe) / Vliesofix® / 1 Stock / dünne Kordel oder Band

Werkzeug

Stift / Schere und Stoffschere / Bügeleisen / Nähmaschine

1 Zeichnen Sie Ihre gewünschten Motive für die Schablonenerstellung auf Karton und schneiden Sie sie aus. Ich habe mich für Wolken und Tropfen entschieden, Sie können aber jedes beliebige Motiv wählen. Mithilfe dieser Schablonen werden jetzt die Motive auf die Stoffreste übertragen und entsprechend ausgeschnitten. Nun zeichnen Sie den Wimpel auf dem weißem Stoff an und schneiden diesen aus. Mein Wimpel ist 38 cm lang und 30 cm breit.

2 Nähen Sie per Nähmaschine mit dem Geradstich die Ränder des Wimpels um 1 cm. Oben nähen Sie eine kleine Schlaufe ab, wo später der Stock zur Aufhängung durchgeschoben wird.

3 Nun werden die bereits fertigen Motive als Applikationen mit Vliesofix® auf den Wimpel aufgebügelt (siehe Seite 6).

4 Anschließend werden die Motive mit einem kleinen Geradstich noch einmal abgesteppt.

5 Zum Schluss stecken Sie den Stock durch die Schlaufe und befestigen an jeder Außenseite ein Band zur Aufhängung.

KORB MAL ANDERS

Für diesen Korb brauchen Sie viele, viele Stoffreste! Basteln Sie daraus einen praktischen und individuellen Begleiter für Ihr Zuhause.

Material

Stoffreste, ca. 20–30 cm lang und 2 cm breit / Sisalkordel / Nähgarn / flüssiger Klebstoff

Werkzeug

Stoffschere / Nadel / Fingerhut

1 Zuerst schneiden Sie eine Menge schmaler Stoffstreifen in ungefähr 2 cm Breite zu. Hierbei müssen Sie nicht exakt messen, schneiden Sie einfach drauflos!

2 Nun fangen Sie an, die Stoffstreifen nach und nach um die Kordel zu wickeln. Es empfiehlt sich, den Anfang mit Klebstoff zu fixieren. Wenn das Ende eines Streifens erreicht ist, legen Sie den Nächsten nicht bündig an, sondern beginnen überlappend weiterzuumwickeln. So halten die Stoffstreifen von allein und müssen nicht mehr festgeklebt werden.

3 Drehen Sie Ihre umwickelte Kordel zu einer Schnecke. Nähen Sie mit Nadel und Faden die nebeneinanderliegenden Kordeln zusammen. Benutzen Sie am besten einen Fingerhut.

4 Haben Sie den gewünschten Umfang für den Boden erreicht, wickeln Sie auf dem äußeren Rand in die Höhe weiter. Nähen Sie auch die Wand der Schale mit der Hand zusammen.

5 Bei der gewünschten Höhe drehen Sie für 2 cm den Stoff ohne Kordel weiter. Nähen Sie das übrige Stoffende nach innen hin fest.

GEFORMTE SCHACHTELN

Schachteln kann man nie genug haben! Egal, ob Verpackung oder Ordnungshalter: Basteln Sie sich aus Stoff ganz besondere Schachteln.

Gestalten Sie nicht zu große Stoffschachteln. Je kleiner sie sind, desto besser hält die Form!

Material

alte Schachtel mit Deckel / Stoffrest / Textilsteif

Werkzeug

Stift / Lineal / Stoffschere / Pinsel

1 Sie benötigen eine alte Schachtel mit einem Deckel, z. B. eine Geschenkschachtel. Legen Sie sie auf ein Stück Stoff und positionieren Sie sie so, dass auf jeder Seite gleich viel Stoff ist. Das stellt sicher, dass beim späteren Umklappen dieselbe Stoffhöhe erreicht wird. Der Stoff kann, muss aber nicht, mit der oberen Schachtelkante abschließen. Die Schachtel dient nur zur Formgebung. Schneiden Sie die mit Lineal und Stift auf dem Stoff angezeichnete Form aus. Für den Deckel gehen Sie genauso vor.

2 Stülpen Sie den Stoff über die Schachtel und pinseln Sie alles großzügig mit Textilsteif ein.

3 An zwei gegenüberliegenden Seiten schlagen Sie die vier überstehenden Zipfel um und streichen sie mit dem Textilsteif fest. Wenn Sie alles gut eingepinselt haben, lassen Sie die Schachtel durchtrocknen. Dies kann ein paar Stunden dauern. Bevor das Textilsteif vollständig ausgehärtet ist, lösen Sie den Stoff von der Schachtel, damit er nicht daran kleben bleibt. Die Schachtel ist fertig, wenn der Stoff ganz hart geworden ist und sich wie Plastik anfühlt.

STOFFBEUTEL TO GO

Ich verlasse das Haus ja nie ohne einen Stoffbeutel! Mit diesem hübschen Modell vermeiden Sie Plastik und setzen auf Nachhaltigkeit.

Material

Stoffreste, ca. 76 cm lang;
einer davon für den Innenbeutel,
mindestens 50 x 76 cm

Werkzeug

Stoffschere / Nähmaschine /
Stecknadeln

1 Suchen Sie sich für den Außenbeutel der Tasche verschiedene Stoffe zusammen und schneiden Sie diese zu Streifen von 76 cm Länge und unterschiedlicher Breite zu.

2 Legen Sie die Streifen rechts aufeinander und nähen Sie die Seitenränder zusammen, sodass als Ergebnis ein Stück Stoff mit einer Höhe von 50 cm und einer Breite von 76 cm entsteht.

3 Für den Innenbeutel schneiden Sie Stoff in Größe des Außenbeutels (50 x 76 cm) zu.

4 Für die Henkel des Beutels schneiden Sie zwei Stücke Stoff in den Maßen 13 x 75 cm zu.

5 Falten Sie die Stoffstreifen auf rechts zusammen und nähen Sie sie jeweils ab. Krempeln Sie die so entstandenen Henkel auf rechts.

weiter

6 Falten Sie den Außenstoff rechts auf rechts zusammen, fixieren Sie ihn mit einigen Stecknadeln und nähen Sie nur zwei Seiten zu, sodass die obere Seite als Beutelöffnung offen bleibt.

7 Falten Sie den Innenstoff rechts auf rechts zusammen, fixieren Sie ihn mit Stecknadeln und nähen Sie nur zwei Seiten zu, sodass die obere Seite als Beutelöffnung bleibt. Am Taschenboden bleibt eine Wendeöffnung von 10 cm.

8 Steppen Sie die Henkel mit einem Geradstich an beiden Seitenrändern ab.

9 Stecken Sie den Innenbeutel (auf rechts gewendet) in den Außenbeutel (auf links) hinein.

10 Messen Sie von beiden Seitenrändern des Stoffs auf Vorder- und Rückseite 6 cm zur Mitte ab. Fixieren Sie anschließend die Henkel mit Stecknadeln am Öffnungsrand.

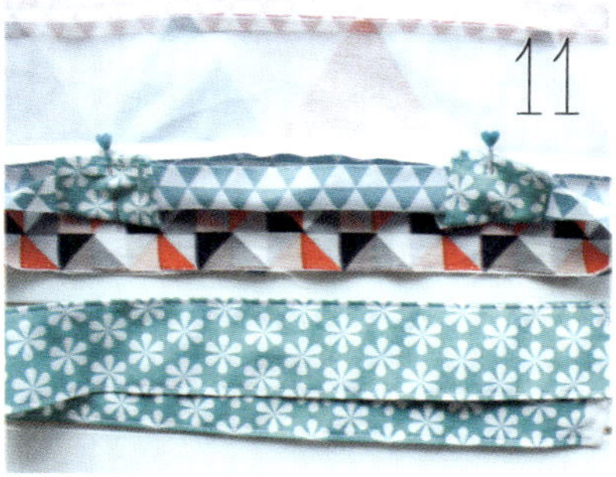

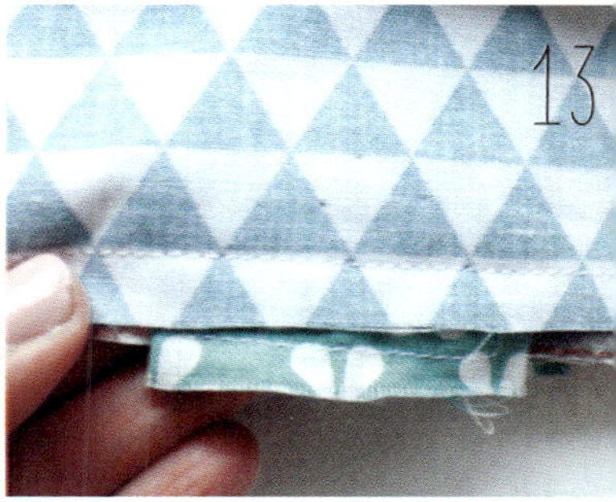

11 Fixieren Sie zunächst beide Seitennähte mit je einer Nadel und stecken Sie dann weitere Nadeln am oberen Rand des Beutels fest.

12 Legen Sie dann beide Henkel vorne und hinten zwischen Außen- und Innenbeutel.

13 Nähen Sie den Oberrand mit einer Nahtzugabe von 1 cm zusammen.

14 Wenden Sie dann den Beutel über die Wendeöffnung am Boden auf rechts. Klappen Sie die Nahtzugaben an der Öffnung nach innen und verschließen Sie diese knapprandig mit einem Geradstich.

15 Stülpen Sie das Futter, also den Innenbeutel, nach innen und steppen Sie den Oberrand nochmals mit 1 cm Nahtzugabe ab.

Wichtig: Bügeln Sie die Stoffe vor und während der Verarbeitung mehrmals.

LUNCHBAG

Egal, ob Schule oder Arbeit: Mit einer bunten, selbst gemachten Lunchbag macht die Mittagspause doch gleich viel mehr Spaß!

Material

Karton, ca. 14 x 12 cm / Stoffreste, ca. 14 x 12 cm / Wachstuch, ca. 24 x 28 cm / Knopf / Band oder Kordel, ca. 8–10 cm / Nähgarn / Schrägband

Werkzeug

Stift / Lineal / Schere und Stoffschere / Nähmaschine / Nähnadel / Stecknadeln

1 Zeichnen Sie auf ein Stück Karton ein Rechteck mit den Maßen 14 x 12 cm (die Nahtzugabe von knapp 1 cm ist schon dabei) und schneiden Sie es aus. Die entstandene Schablone legen Sie auf die verschiedenen Stoffstücke, zeichnen acht Stoffstücke an und schneiden diese aus. Das Wachstuch für Innen lassen Sie an einem Stück.

2 Nun nähen Sie die Stoffstücke wie abgebildet aneinander (zwei Stücke jeweils neben- und untereinander).

3 Anschließend nähen Sie mit dem Geradstich jeweils die zwei Außenseiten und den Boden auf rechts zusammen. Falten Sie das Wachstuch und nähen Sie eine Außenseite und den Boden zusammen. Als Ergebnis erhalten Sie so einen Außenbeutel (Patchstoff) und einen Innenbeutel (Wachstuch).

weiter

4 Nehmen Sie dann den Boden des jeweiligen Beutels und falten ihn in der Mitte auseinander. Sie messen jeweils von zwei gegenüberliegenden Spitzen ca. 5 cm ab und ziehen über die gesamte Breite des Stoffs eine Linie, an der Sie absteppen.

5 Die beiden nun überflüssigen Spitzen können Sie mit der Schere abschneiden.

6 Stecken Sie den Innenbeutel in den umgekrempelten Außenbeutel.

7 Nun müssen Sie den Knopf am Außenbeutel festnähen. Um die geeignete Stelle dafür zu finden, messen Sie vom oberen Rand in der Mitte des Beutels ca. 7,5 cm ab.

8 Jetzt stecken Sie das Schrägband mit Stecknadeln um den Rand herum fest. Auf der gegenüberliegenden Seite des Knopfs befestigen Sie hierbei unter dem Schrägband gleichzeitig die Kordel so, dass eine Schlaufe entsteht. Nähen Sie dann mit der Nähmaschine per Geradstich das Schrägband an.

PATCHWORK-DECKE

Die Patchwork-Decke ist ein Klassiker und verbraucht viele kleine Stoffreste. Ich zeige Ihnen eine hübsche, aber ganz einfache Variante.

Für eine schöne Unterseite schneiden Sie ein Stück Stoff in Deckengröße zu. Legen Sie alles auf rechts, nähen Sie die Seiten mit dem Geradstich zusammen und lassen Sie eine Öffnung zum Wenden. Wenden Sie die Decke, schließen Sie die Öffnung und steppen die Decke mehrmals ab.

Material

Karton, ca. 24 x 24 cm / Stoffreste, ca. 24 x 24 cm

Werkzeug

Stift / Lineal / Schere und Stoffschere / Nähmaschine

1 Schneiden Sie als Erstes aus dem Karton eine Schablone mit den Maßen 24 x 24 cm aus (die Nahtzugabe von 1 cm ist schon eingerechnet). Übertragen Sie mit der Schablone die Quadrate auf Ihre Stoffe und schneiden Sie sie aus.

2 Die Anzahl der Stoffreihen richtet sich nach der gewünschten Größe Ihrer Decke. Für meine Beispieldecke habe ich sechs Stoffreihen mit jeweils neun Stoffquadraten benötigt. Gehen Sie für eine Stoffreihe wie folgt vor: Legen Sie die ersten beiden Stoffstücke rechts auf rechts bündig aufeinander. Nähen Sie sie mit dem Geradstich auf einer Seite zusammen. Klappen Sie die Seite auf und legen Sie das nächste Stoffquadrat an.

3 Nähen Sie zum Schluss die entstandenen Stoffreihen aneinander, bis Sie eine große Decke zusammenhaben. Hierfür nutzen Sie dieselbe Technik wie beim Fertigen der Stoffreihe selbst. Bei der von mir gezeigten Decke ohne Füllung nähen Sie den kompletten Rand der Decke noch einmal um.

WÄSCHEKLAMMERBEUTEL

Mit bunten Wäscheklammern, die aus einem selbst genähten Beutel kommen, macht das Wäscheaufhängen besonders Spaß!

Einfache Holzwäscheklammern können Sie fix mit Kleber und Stoff verschönern!

Material

Karton, ca. 34 x 24 cm / Stoffreste, ca. 34 x 24 cm / Schrägband / KAM-Snaps-Druckknöpfe

Werkzeug

Lineal / Stift / Schere und Stoffschere / Stecknadeln / Nähmaschine / KAM-Snaps-Zange

1 Für die benötigte Schablone zeichnen Sie mit Stift und Lineal die Form auf Karton auf und schneiden Sie diese aus. Ich habe die Maße wie abgebildet genommen: 16,5 cm lang, 24 cm breit, 8 cm Schräge, 16 cm Henkellänge.

2 Legen Sie die Schablone auf die Stoffe und zeichnen sie an, schneiden Sie dann die Stücke aus. Sie benötigen insgesamt vier Stücke, jeweils zwei für die Innen- und Außenseiten.

3 Legen Sie je eine Innen- und Außenseite auf rechts zusammen und stecken den Henkelbereich mit Nadeln fest. Nähen Sie ihn zusammen.

4 Legen Sie die zwei aufgeklappten Teile mit den Henkeln in der Mitte auf rechts zusammen und stecken Sie diese mit Nadeln fest. Nähen Sie mit dem Geradstich drumherum, lassen aber eine kleine Öffnung zum Wenden.

5 Wenden Sie nun den Beutel nach außen und nähen Sie die Öffnung zu. Anschließend stecken Sie den Innenbeutel nach innen und bügeln mit dem Bügeleisen alles glatt.

6 Dann bringen Sie die KAM-Snaps-Druckknöpfe an (siehe Seite 5). Optional können Sie auch noch, wie ich, ein Schrägband annähen.

DANKSAGUNG

Dieses Buch in den Händen zu halten macht mich wahnsinnig stolz. Das schafft man aber nicht ganz allein. Mein Mann hat so manches Jammern von mir aushalten müssen, hat sich um die Kinder gekümmert und mich auch sonst unterstützt sowie beraten. Ohne dich wäre das Buch nicht möglich gewesen!

Meine Kinder, die mich immer wieder auf ein Neues inspirieren, mussten sich das ein oder andere Mal gedulden. Ihr seid wunderbar!

Danke an meine Schwägerin Lisa, die mir mit Rat und Tat zur Seite stand und an meine Mutter, die mir hin und wieder Freiräume geschaffen hat.

Danke an meine Kooperationspartner STOFF & STIL (www.stoffundstil.de) sowie FRAU TULPE STOFFE (www.frautulpe.de), die mich mit hübschen Stoffpaketen unterstützt haben.

Danke an dich Syl von www.syl-loves.com für das zauberhafte Porträtfoto. Ich war noch nie so zufrieden mit einem Foto von mir.

Danke an dich Christina und die „herzkammer" in Hangelar (www.herz-kammer.de), wo ich fotografieren durfte und jeweils ein tolles Foto dabei herausgekommen ist.

Meine Lektorin Natascha Mössbauer vom EMF-Verlag hat mich stets gelobt, ermutigt und konstruktiv unterstützt. Du warst verbindlich und hast immer schnell und ausführlich auf meine Fragen geantwortet. Es hat Spaß gemacht, mit dir zusammenzuarbeiten.

Vielen Dank an meine Blogleser! Ihr spornt mich an, mir immer wieder neue Dinge einfallen zu lassen. Ohne euch wäre mein Blog nicht das, was er ist und es würde nur halb so viel Spaß machen!

ÜBER DIE AUTORIN

Die gebürtige Brandenburgerin Christin Pardun lebt mit ihrer Familie in Siegburg. Sie arbeitet bei einem schwedischen Modeunternehmen, bei dem sie eigene Abteilungen gestaltet und dekoriert. Die zweifache Mama liebt es zu basteln, zu nähen, zu werkeln und alte Dinge zu neuem Leben zu erwecken. Sie möchte mit ihren Ideen die Welt ein wenig bunter und individueller gestalten. Die Liebe zu Farben und Mustern sowie ihre kreativen Ideen zeigt Christin seit dem Sommer 2014 auf ihrem Blog pfefferminzgruen.blogspot.de.